Experimente mit Mikrocontrollern

Arduino IDE

Einführung in die Sprache der Entwicklungsumgebung

Experimente mit Mikrocontrollern

Arduino IDE

Einführung in die Sprache der IDE

Jörg Bischof, DM6RAC

Die Inhalte dieses Buches wurden mit großer Sorgfalt erstellt. Trotzdem kann der Autor keine Garantie für die Richtigkeit, Aktualität und Vollständigkeit der Inhalte übernehmen. Er haftet nicht für Schäden, die sich aus der Nutzung der hier angebotenen Informationen entstehen könnten. Die dargestellten Schaltungen, Programme und sonstige Informationen dienen Schulungszwecke und sind ohne Rücksicht auf eventuelle Patentansprüche. Die im Buch verwendeten Soft- und Hardwarebezeichnungen, Markennamen und Produktbezeichnungen sind Eigentum der betreffenden Unternehmen.

0   Inhaltsverzeichnis

1   Vorwort

Früher wurden Schaltungen auf Lötösenstreifen in freier Verdrahtung aufgebaut. Dann kam die Leiterplatte (PCB). Erste mit nur einer Kupferlage, dann mit zweien und jetzt oft mit mehreren dazwischen. Die Bauelemente wurde immer kleiner. Es entstanden Integrierte Schaltkreise. Erst mit ganz einfache Funktionen, wie ein einfacher dreistufiger Verstärker, ein Gatter oder ein Differenzverstärker, dann immer komplexer werdend. Die Schaltungen, die aufgebaut wurden, nahmen immer mehr an Größe zu und hatten immer mehr Funktionen. Der Aufwand an diskreten Bauteilen wurde somit größer.

In der Rechentechnik entstanden in der vierziger Jahren des letzten Jahrhunderts die ersten elektronischen Rechner. Aus den wahren Monstern erschien, aufbauend auf der Technologie der integrierten Schaltkreise, 1971 der erste Mikroprozessor: der Intel 4004. Die ersten Computer entstanden, die nicht mehr ganze Gebäude benötigten, sondern auch auf einem Schreibtisch Platz hatten. Die Idee, Prozesse mit dem Computer zu steuern ist schon faszinierend. Nur war das mit der PC-Technik recht aufwendig: es wurden die CPU benötigt, dazu extra Schaltkreise mit der PIO (parallele Ein- und Ausgabe), CTC (der Counter und Zeitgeber), Speicher (RAM und ROM). Dann, jetzt für uns zum Thema passend, entstand der Mikrocontroller. Er vereinigte all diese Komponenten auf einem Chip. Zwar ist er keinesfalls so leistungsfähig wie ein PC, er soll aber auch andere Aufgaben erledigen. Aufgaben, die keine große Rechenleistung und viel Speicher erfordern. Beispielsweise:

- Sensordaten erfassen und auswerten

- Steuerungen durchführen

- Prozesse regeln

- physikalische Werte erfassen, umwandeln und berechnen

Heute finden wir Mikrocontroller in einer Vielzahl von Geräten. In der Tastatur werden die Tastenanschläge erfasst und in ein serielles Signal umgewandelt, Haushaltgeräte werden gesteuert, im Auto befinden sich eine Vielzahl von Mikrocontroller, die Steuer- und Regelaufgaben übernehmen. Diskrete digitale Schaltungen werden zunehmend durch Mikrocontroller ersetzt. Es ist einfach einfacher, Werte durch Programmänderungen zu verändern, als Bauteile auf der Platine auszutauschen. Im Beispiel (Abb. 1) müssten zur Änderung der Blinkfrequenz R2 und R3 sowie C1 und C2 geändert werden.

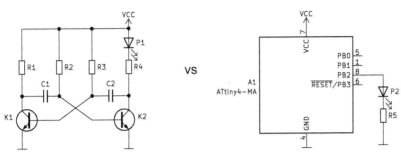

Abb. 1: Diskrete Schaltung vs. Controller

Mit dem Controller werden einfach zwei Werte in der Programmierung verändert und das Programm neu in den Controller geladen. So kann ein und dieselbe Hardware für verschiedene Zwecke verwendet werden. Durch Massenproduktion (weil so vielseitig anwendbar) ist heute der Preis von Mikrocontrollern recht niedrig.

Ich selbst habe meine ersten Programmierschritte Anfang der 80er Jahre gemacht. Mit dem Mikrocontroller Z8 von Zilog (damals sagte man noch *Einchipmikrorechner* dazu). Programmiersprache war Assembler. Also ganz, ganz dicht an der Hardware. Fasziniert hatte mich, dass bei gleicher Peripherie (sie bestand aus einem Motor mit Spindel, zwei Endschaltern und drei Tastern) nur durch Änderung der Software ganz andere Funktionen erzeugt werden konnten.

Ich beginne hier mit dem Heft 1. In loser Folge möchte ich weitere Hefte hinzufügen. Es sollen Anregungen zum Experimentieren und Selbermachen gegeben werden. Beginnen werde ich mit der Arduino-Umgebung. Ich finde, dass das ein guter Einstieg in die Problematik ist. Später plane ich dann auch weitere Controller (ESP8266 und ESP32) und die direkte Programmierung des Controllers vom Arduino, dem ATmega328, zu erläutern. Ich hoffe, dass diese Reihe Spaß macht und einlädt zu eigenen Entwicklungen.

Wulkenzin, Oktober 2022

2   Der Arduino

2.1   Geschichte

Basierend auf der Masterarbeit aus dem Jahr 2003 von *Hernado Barragán* am *Interaction Design Institute Ivrea* in Italien entwickelten *Massimo Banzi* und *David Cuartielles* 2005 den ersten auf dem *ATmega8* basierenden Arduino. Das Ziel der Masterarbeit von Hernando Barragán war es, Künstlern und Designern (also Leuten, die mit Programmierung recht wenig bis gar nichts zu tun haben) die Elektronik und Programmierung nahe zu bringen. Komplizierte Befehlsfolgen wurden auf einfache, einprägsame Befehle reduziert. Die Wahl auf Mikrocontroller von Atmel war begründet in der freien Verfügbarkeit von Software für die Programmentwicklung. Das ganze Projekt sollte von Anfang an Open Source sein. Später kam es zwischen den Entwicklern zu Streitereien um die Marke Arduino. 2016 wurden dann die Streitigkeiten beigelegt. Wer mehr dazu wissen möchte, kann ja in [1] und [2] dazu nachlesen.

2.2   Die Hardware

Der ursprüngliche Arduino basiert auf den *ATmaga8* von *Atmel* (Atmel wurde 2016 übernommen von *Micochip Technology*). Der ATmega8 war ein 8-bit-Mikrocontroller. Später wurde er ersetzt durch den *ATmega328*. Der Vorteil ist, dass dieser Controller von Anfang an für die Programmiersprache C optimiert wurde. Die Grundidee, dass Arduino eine Plattform sein soll, die Schülern, Lehrern, Studenten, interessierten Amateuren und anderen eine quelloffene Plattform bildet, zieht sich durch das ganze Projekt.

Die Arduino-Boards sind recht preiswert erhältlich. Dadurch ist von finanzieller Seite her ein einfacher Einstieg möglich. Da die Boards von der Hardware her auch Open Source sind, gibt es verschiedene Hersteller, die günstig produzieren können.

Die für uns wichtigsten Boards sind der *Arduino Uno R3, Arduino Nano* und *Arduino Mega 2560 Rev3*. Es gibt noch zahlreiche andere Boards für verschiedene Sonderanwendungen. Die aktuelle Palette ist unter [3] zu finden. Ich konzentriere mich hier aber auf den Arduino Uno R3. Der Arduino Nano ist interessant, wenn man ein räumlich kleineres Board auf einer Platine montieren möchte. Der Mega 2560 wird benötigt, wenn man entschieden mehr Ein- und Ausgänge benötigt. In einer ganzen Anzahl von 3-D-Druckern wurde dieses Board genutzt.

	Arduino Uno R3	Arduino Nano	Arduino Mega 2560 Rev3
Mikrocontroller	ATmega 328		ATmega2560
Betriebsspannung	5 V		
Eingangsspannung VIN	7–12 V		
digitale I/O-Pins	14		54
davon PWM	6		15
analoge Eingänge	6	8	16
Strom pro I/O-Pin	20 mA		
Flash-Speicher	32 KB (davon 0,5 KB Bootloader)		256 KB (davon 8 KB Bootloader)
SRAM	2 KB		8 KB
EEPROM	1 KB		4 KB
Taktfrequenz	16 MHz		
Abmessungen	69 mm x 53 mm	18 mm x 45 mm	102 mm x 53 mm

Tab. 1: Vergleich der Boards

Die Boards besitzen eine USB-Schnittstelle. Um von der Entwicklungsumgebung die Programme einfach in den Flash-Speicher zu laden, befindet sich im Flash ein Bootloader.

2.3 Die Software

Ein wichtiges Merkmal ist, dass die (ebenfalls Open Source) Entwicklungsumgebung Arduino IDE (*IDE: Integrated Development Environment*) nicht nur unter Windows sondern auch macOS und Linux lauffähig ist.

Die spezielle Sprache der Arduino IDE ist so entwickelt, dass Anfänger einen einfachen Einstieg haben, fortgeschrittene Nutzer aber auch anspruchsvolle Projekte realisieren können. Die Sprache basiert letztendlich ja auf der AVR-C-Programmiersprache. Es können in die IDE Bibliotheken eingebunden werden, die in C/C++ geschrieben sind. Neben der speziellen Arduino-Sprache können die Boards auch direkt in C/C++ programmiert werden. Es geht sogar eine Kombination der Sprachen. Dadurch sind oft einfachere Konstrukte möglich.

3   Die Arduino IDE

3.1   Installation

Die Software kann unter [4] heruntergeladen werden. Es gibt zwei Versionen:

- *Arduino IDE 1.8.x*
  Lauffähig ab Windows 7, Linux 32 bit und 64 bit sowie ab macOS 10.10.

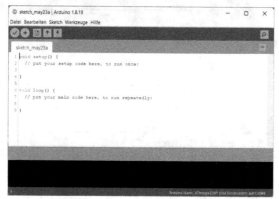

Abb. 2: IDE 1.8.x

- *Arduino IDE 2.0.x*
  Die neue Version, die ab Windows 10, Linux 64 bit und macOS 10.14 funktioniert.

Abb. 3: IDE 2.0.x

Für bestimmte Boards (MKR-Familie und Zero) ist ein debuggen möglich. Es wird allerdings (bis auf Arduino Zero) ein J-Link oder Atmel ICE als zusätzliche Hardware benötigt.

- Weiterhin gibt es einen *Arduino Web Editor*, der in der Cloud arbeitet.

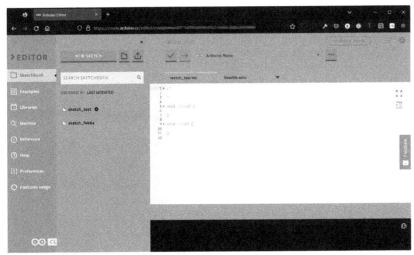

Abb. 4: Web-Editor

Die Windows-Versionen kann man installieren oder in der .zip-Version ohne Installation betreiben. Der Betrieb beider Versionen nebeneinander ist möglich. Ich persönlich finde die neuere Variante besser, weil sie etwas übersichtlicher ist.

Unter *Datei > Einstellungen* nimmt man die Voreinstellungen vor.

Abb. 5: Voreinstellungen IDE 1.8.x

In der IDE 1.8.x können weitere Einstellungen (Fenstergröße, Schrift, Tabs usw.) in der Datei *preferences.txt* vorgenommen werden. Dazu sollte die IDE aber geschlossen werden. Sonst überschreibt sie beim Schließen die Einstellungen, die man gerade vorgenommen hat.

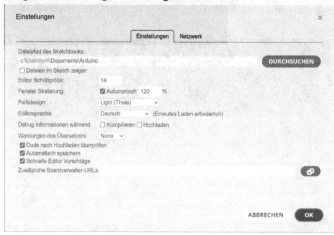

Abb. 6: Voreinstellungen IDE 2.0.x

Die Voreinstellungen der IDE 2.0.x sehen ähnlich aus:

In *Dateipfad des Sketchbooks* tragen wir den Ort ein, der als Standardablage genutzt werden soll. Als *Sketchbook* werden die Dateien des Quellcodes bezeichnet, die wir schreiben. Sie besitzen die Dateiendung **.ino**.

Bevor man beginnt das Programm zu schreiben, ist es notwendig das Board und den Port, an dem es angeschlossen ist, auszuwählen. Hier unterscheiden sich die beiden IDE. Bei der IDE 1.8.x werden über *Werkzeuge* sowohl Board als auch Port ausgewählt.

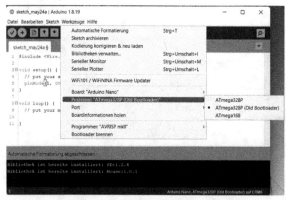

Abb. 7: Auswahl Board und Port bei der IDE 1.8.x

Bei der IDE 2.0.x erfolgt die Auswahl über das Aufklappmenü, das sich über dem Inhaltsfeld befindet.

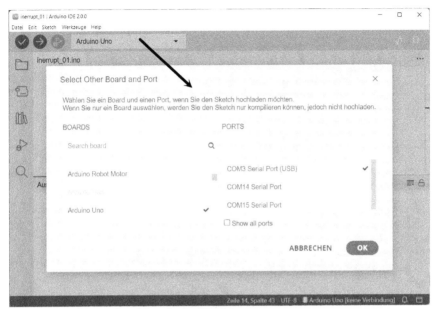

Abb. 8: Auswahl Board und Port in der IDE 2.0.x

Über den Boardverwalter können Boards hinzugefügt und deren Daten aktualisiert werden. Bei der IDE 1.8.x erfolgt das über *Werkzeuge* und dann *Boardverwalter* bei den Boards. Es öffnet sich ein Fenster, in dem man die Boards auswählen und und installieren bzw. updaten kann.

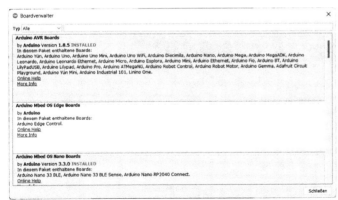

Abb. 9: Boardverwalter der IDE 1.8.x

Bei der IDE 2.0.x erfolgt die Auswahl über das Icon Board-Verwaltung auf der linken Seite.

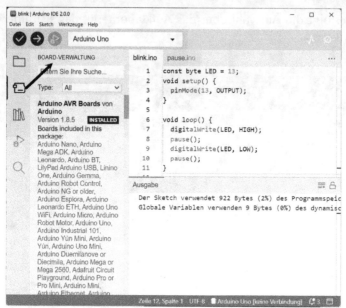

Abb. 10: Boardverwalter bei der IDE 2.0.x

3.2   Benutzeroberfläche

3.2.1   Oberfläche der IDE

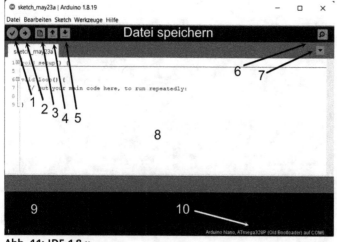

Abb. 11: IDE 1.8.x

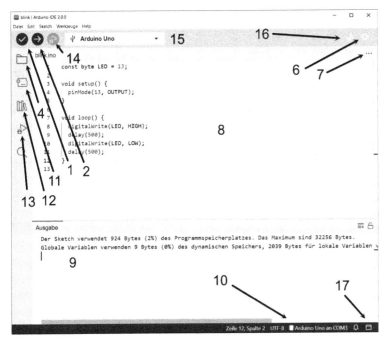

Abb. 12: IDE 2.0.x

Die Oberflächen der beiden Versionen unterscheiden sich doch recht beträchtlich.

Die des Web Editors ähnelt sehr der Version 2.0.x. Deshalb beschreibe ich sie hier nicht extra. Die Nummerierung bezeichnet:

1. Es wird der Quellcode Kompiliert (ohne, dass er zum Controller geladen wird).

2. Der Quellcode wird Kompiliert und zum Controller geladen. In beiden Möglichkeiten wird die Datei vorher gespeichert.

3. Es wird eine neue Datei angelegt. Beim IDE 2.0.x geht man hierzu über *Datei > Neu*.

4. Es wird eine Datei geöffnet. Bei der IDE 2.0.x wird rechts neben der linken Icon-Leiste ein Feld geöffnet, das den Ordner darstellt, der in den Voreinstellungen als Standard angegeben wurde.

5. Datei speichern. Bei der IDE 2.0.x wieder über *Datei*.

6. Öffnet den *Seriellen Monitor*. Beider IDE 1.8.x öffnet sich ein extra

Fenster, bei der IDE 2.0.x ein neuer Tab im Fenster 9.

7. Hier kann ein neuer *Tab* angelegt werden. In diesem Tab wird eine neue Datei angelegt, die sich im Hauptordner befindet. Das dient zum aufteilen von Sketchen.

8. Der Platz für den Quellcode.

9. In diesem Feld erscheinen Meldungen des Compilers.

10. Es wird das Board und der Port angezeigt. Es ist unbedingt darauf zu achten, dass diese Anzeige mit dem gewählten Port übereinstimmt. Es kann passieren, dass, wenn man Anschlüsse wechselt, hier eine Differenz besteht. Dann muss der Port noch einmal ausgewählt werden. Ansonsten gibt es beim Hochladen eine Fehlermeldung. Bei der IDE 2.0.x wird zusätzlich noch die Stellung des Cursors angezeigt.

11. IDE 2.0.x: *Boardverwalter*.

12. IDE 2.0.x: *Bibliotheksverwalter*.

13. IDE 2.0.x: Wenn es ein Board ist, das den Debugger unterstützt, werden hier die Debug-Parameter angezeigt.

14. IDE 2.0.x: Start des Debuggers. Nicht für alle Boards.

15. IDE 2.0.x: Auswahl von Board und Port.

16. IDE 2.0.x: *Serieller Plotter*.

17. IDE 2.0.x: Hier kann das Fenster 9 geschlossen werden. Die Glocke links daneben zeigt die letzten Meldungen des Compilers an.

3.2.2 Neue Datei

Ich verwende für die weiteren Erläuterungen die IDE 2.0.x. Wenn es für die alte IDE Abweichungen gibt, weise ich darauf hin. Aber Analogien zu finden dürfte nicht allzu schwer sein.

Mit dem ersten Anlegen einer neuen Datei wird sie erst einmal mit einem fortlaufenden Namen angegeben. Es wird auch schon das minimale Grundgerüst der Datei angelegt (`void setup()` und `void loop()`). Die Datei sollte dann unter einem sinnvollen Namen abgespeichert werden. Dabei wird gleichzeitig ein Ordner mit dem Namen der Datei angelegt, in dem die Datei gelegt wird. Die Datei **blink.ino** liegt dann im Ordner **blink**. Falls die Datei in keinem Ordner liegt, wird aufgefordert, einen anzulegen.

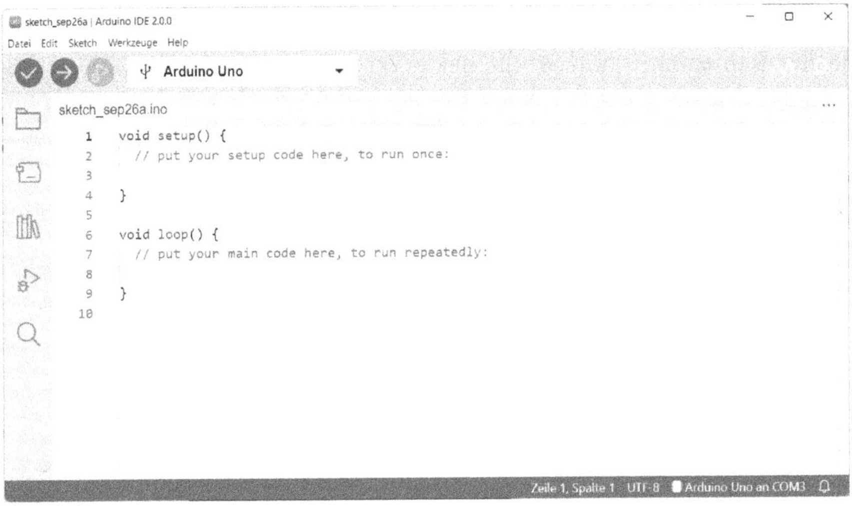

Abb. 13: Neu angelegte Datei

Bei umfangreicheren Projekten ist es oft sinnvoll, diese in mehrere Dateien

Abb. 14: Neuer Tab

aufzuteilen. Die IDE (in beiden Varianten) bietet dafür eine einfache Möglichkeit. Es wird einfach ein neuer Tab angelegt (Punkt 7 in der Beschreibung der Oberfläche). Dabei wird nach dem Namen der Datei gefragt. Das neue Dateifenster ist jetzt leer. Im folgenden Beispiel habe ich dort die Funktion **pause()** gelegt.

Die zusätzliche Datei wird einfach in den selben Ordner gelegt, wie der Haupt-sketch. Nur liegt sie in keinem eigenen Ordner. Das Haupt-Sketch ruft diese Datei auf. Vor dem Kompilieren werden die **.ino**-Dateien vom Compiler zu einer Datei zusammengelegt – und zwar in alphabetischer Reihenfolge.

Hier muss man aufpassen, damit man nicht Funktionen referenziert, die an der Stelle der Reihenfolge noch nicht deklariert sind. Die Arduino-IDE ist hier zwar recht robust. Falls es Probleme gibt, kann man die Funktion schon einmal deklarieren, ohne sie mit Inhalt zu füllen. In unserem Beispiel würde das so aussehen:

```
const byte LED = 13;
void pause();     // Deklaration der Funktion

void setup() {
    pinMode(LED, OUTPUT);
}

void loop() {
    digitalWrite(LED, HIGH);
    pause();
    digitalWrite(LED, LOW);
    pause();
}
```

3.2.3 Bibliotheken

Bibliotheken beinhalten Codebausteine, die in laufende Projekte eingebunden werden. Viele Aufgaben wiederholen sich oder sind recht umfangreich zu pro-grammieren. Es spart Arbeit und verringert die Fehlerquote, wenn man auf bereits fertige und erprobte Programmabschnitte zurückgreifen kann. Insbesondere für viele Sensoren gibt fertige Pakete. Der einzige Nachteil ist, dass man sich genau an die Regeln halten muss, die der Programmierer der Biblio-thek festgelegt hat. Hier hilft es, die Dokumentation der Bibliothek sich anzusehen. Die Bibliotheken sind meist in C++ geschrieben und beinhalten mindestens eine **.cpp**- und **.h**-Datei, oft auch noch eine **.txt**-Datei mit Hin-weisen. Die erste Anlaufstelle für Bibliotheken ist der *Bibliotheksverwalter*. Man findet ihm bei der IDE 2.0.x über das Icon 12 auf der linken Seite oder über *Sketch > Bibliothek einbinden > Bibliotheken verwalten*. Bei der IDE 1.8.x öffnet sich ein Fenster ähnlich Abb. 9. Bei der IDE 2.0.x geht neben der linken Icon-Leiste ein Fenster auf, in dem man suchen kann. Hierzu kann man einen Suchbegriff eingeben (beispielsweise die Bezeichnung des Sensors oder einen

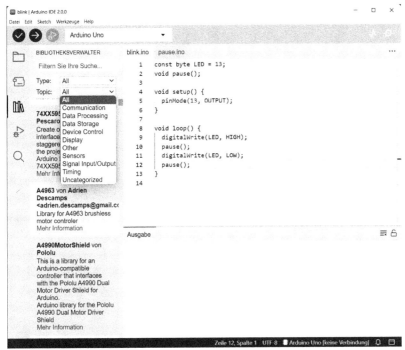

Abb. 15: Kategorieauswahl in der Bibliotheksverwaltung

Autor bzw. Hersteller) oder unter *Topic* die Auswahl eingrenzen. Es stehe dabei folgen Kategorien zur Auswahl:

- Alle Bibliotheken

- Kommunikation

- Datenverarbeitung

- Datenspeicherung

- Gerätesteuerung

- Anzeige

- Andere

- Sensoren

- Input/Output von Signalen

- Timing

- keiner Kategorie zugehörig

Weiter gibt es unter Type die Auswahl nach

- Alle

- Aktualisierungen

- Installierte

- Arduino

- Partner

- Empfohlen

- Zusätzliche

- Zurückgezogene

Die Bibliotheken findet man im Ordner *libraties* des Sketchbooks, das man mit den Einstellungen angelegt hat. Über den Bibliotheksverwalter können nicht benötigte Bibliotheken auch wieder gelöscht werden.

Falls man keine benötigte Bibliothek findet, hilf oft eine Suche im Internet. Entwickler habe oft im GitHub Daten abgelegt. Wenn sie als **.zip**-Datei vorliegen, wird diese gepackte Datei genommen. *Über Sketch > Bibliothek einbinden > .ZIP-Bibliothek hinzufügen …* wird die **.zip**-Datei in den Unterordner *libraries* übertragen.

Abb. 16: Bibliothek als .zip-Datei einbinden

Als weitere Alternative kann man den kompletten Hauptordner zusammen mit den **.cpp**- und **.h**-Dateien (nicht nur die einzelnen Dateien!) in den libraries-

Ordner kopieren. Die Bibliotheken können jetzt einfach durch Klick auf die Bibliothek in das Programm eingebunden werden (das erfolgt mit der #include-Anweisung).

4 Die Sprache des Arduino

4.1 Vorbemerkungen

Der Programmablauf bei einem Mikrocontroller unterscheidet sich etwas von dem in einem normalen PC: das Programm hat kein „Ende". Bei einem Mikrocontroller finden die Programmabläufe in einer Endlosschleife statt. Diese ist normalerweise unerwünscht – hier aber Grundvoraussetzung. Der Mikrocontroller hat kein Betriebssystem, das die Abläufe steuert. Er ist ja auch für völlig andere Aufgaben ausgelegt, als ein PC.

Für die Programmierung von Mikrocontrollern sind verschiedene Programmiersprachen möglich: Python, Forth, Assembler, C/C++ und viele mehr. Assembler stellt dabei die Sprache dar, die am dichtesten an der Maschine ist. Aber auch die aufwendigste, da alle Programmschritte einzeln programmiert werden müssen. Als höhere Programmiersprache nutzt man meisten C bzw. C++. Diese ist auch recht nah an der Maschine, bietet durch komplexere Befehle aber Vorteile gegenüber Assembler. Die Controller, die wir hier behandeln, sind zudem vom Entwickler schon für die Sprache C optimiert. Die Arduino IDE basiert auf C++ und die daraus abgeleiteten Erleichterungen in der Semantik für den Arduino haben ebenfalls ihre Wurzeln in C/C++. Vorteilhaft ist es, dass die angepasste Arduino-Sprache und C/C++ parallel in einem Programm verwendet werden können.

Die Arduino-Sprache stellt viele Vereinfachungen dar und ist einprägsamer, C kann aber dennoch bestimmte Lösungen vereinfachen.

In der Abb. 17 ist die Pinbelegung des oft im Arduino Uno verwendeten Schaltkreisen ATmega320-PU zu sehen (bei der SMD-Variante liegen die Anschlüsse nur anders, die Äquivalenz ist aber identisch). Die Anschlüsse sind im Controller zu *Ports* zusammengefasst. Der ATmega328 hat den **PORTB** mit den Pins **PB0…PB7**, **PORTC** mit den Pins **PC0…PC6** und **PORTD** mit **PD0…PD7**. Die Bezeichnungen beim Arduino lauten für die digitalen Pins **D0…D13** (oder einfacher nur **0…13**) und für die analogen Eingänge **A0…A5**. Die Anschlüsse des Controllers sind oft bis zu dreifach belegt. An **PC6** liegt beispielsweise auch der **RERSET**-Anschluss und an **PB6** und **PB7** der Anschluss für den externen Quarz. Wenn ich

RESET	PC6	1	28	PC5	A5
D0 (RX)	PD0	2	27	PC4	A4
D1 (TX)	PD1	3	26	PC3	A3
D2	PD2	4	25	PC2	A2
D3	PD3	5	24	PC1	A1
D4	PD4	6	23	PC0	A0
VCC	VCC	7	22	GND	GND
GND	GND	8	21	AREF	AREF
Quarz	PB6	9	20	AVCC	VCC
Quarz	PB7	10	19	PB5	D13
D5	PD5	11	18	PB4	D12
D6	PD6	12	17	PB3	D11
D7	PD7	13	16	PB2	D10
D8	PB0	14	15	PB1	D9

Abb. 17: Äquivalent der Bezeichnungen des Arduino Uno zum ATmega328-PU

jetzt die Ausgänge D0...D7, die zusammen ja zum PORTD gehören, als Ausgang definieren, muss ich in der Arduino-Sprache schreiben:

```
pinMode(0, OUTPUT);
pinMode(1, OUTPUT);
pinMode(2, OUTPUT);
pinMode(3, OUTPUT);
pinMode(4, OUTPUT);
pinMode(5, OUTPUT);
pinMode(6, OUTPUT);
pinMode(7, OUTPUT);
```

Mit einem C-Befehl erreiche ich hier die gleiche Wirkung:

```
DDRD = 0xFF;  //oder länger: DDRD = 0b11111111;
```

In diesem Beispiel ist es in C einfacher, weil die Pins hintereinander liegen und die Pin-Nummern nicht mit Variablen belegt sind. Aber es ist zu sehen, dass man entscheiden kann, welche Art man nimmt. Alternativ könne man im oberen Beispiel auch eine Schleife verwenden. Es führen ja bekanntlich viele Wege nach Rom ...

Im folgenden Abschnitt werde ich hauptsächlich auf die Sprache des Arduino eingehen. Der Aufbau des Programms selbst unterscheidet sich hier doch etwas von dem normalen C/C++-Programm. Es können aber dennoch einzelne C/C++-Befehle innerhalb des Ablaufes verwendet werden.

In der Arduino-IDE werden **D0...D13** als **0...13** angesprochen, die analogen Eingänge als **A0...A5** (auch, wenn sie als digitale Pins verwendet werden sollen).

4.2   Digitale und analoge Ein- bzw. Ausgänge

4.2.1 Digitale Pins

Der Arduino Uno besitzt 14 digitale I/0-Pins (in der Beschreibung nenne ich sie **D0** bis **D13**, um sie von den analogen zu unterscheiden – im Programm wird einfach nur **0** bis **13** geschrieben). Wenn nichts weiter definiert wird, ist folgender Zustand als Standard eingestellt:

- Eingang
- hochohmig

Bei den sehr hohen Eingangswiderständen von MOS-Schaltkreisen fließen Spannungen auf ihnen sehr schlecht ab. Die Eingänge haben zwar einen gewissen Überspannungsschutz, allein durch elektrische Felder kann sich aber eine Spannung aufbauen, die Schaltvorgänge auslöst. Wer das einmal ausprobieren möchte, kann ja ein ganz kleines Programm schreiben und sich von der Empfindlichkeit überzeugen (was genau die einzelnen Befehle bedeuten kommt später):

```
void setup() {
    pinMode(5, INPUT);
    pinMode(13, OUTPUT);
}

void loop() {
    digitalRead(5)?digitalWrite(13, HIGH):digitalWrite(13, LOW);
}
```

In den Pin **D5** (also I/0 5) einfach einen Draht stecken. Wenn man sich dem Draht mit der Hand nähert, schaltet sich die LED, die sich auf der Platine am **D13** befindet, an oder aus.

Mit der Anweisung `pinMode(5, INPUT)` haben wir dem Arduino gesagt, dass der digitale Anschluss **5** (ich bezeichne ihn als **D5**) ein Eingang sein soll. Mit `pinMode(13, OUTPUT)` wird der Anschluss **13** zum Ausgang.

Den Befehl `pinMode(pin, INPUT)` kann man verwenden, wenn man sicher ist, dass an diesem Pin definierte Zustände herrschen (also immer ein definiertes **HIGH** oder **LOW**, niemals ein offener Eingang). Ein offener Schalter kann schon undefinierte Zustände hervorrufen, die zur verzweifelte Fehlersuche führen können.

Um definierte Zustände herzustellen, kann man *Pull-down-* oder *Pull-up-Widerstände* benutzen (je nachdem, ob man gegen Betriebsspannung oder Masse schalten möchte.

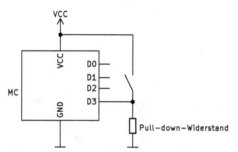

Abb. 18: Eingang mit Pull-down-Widerstand

In der Abb. 18 liegt bei offenem Schalter am Eingang **D3** immer **LOW** (Massepotential). Da der Eingang sehr hochohmig ist, fließt durch den Widerstand kein Strom und es gibt demzufolge über ihn auch keinen Spannungsabfall.

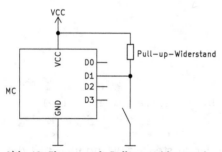

Abb. 19: Eingang mit Pull-up-Widerstand

Beim Pull-up-Widerstand liegt hier **HIGH** am Eingang. Wenn der Schalter betätigt wird **LOW**. Der Widerstandswert selbst ist völlig unkritisch. Man kann bedenkenlos Werte zwischen 20 kΩ und 100 kΩ nehmen.

Da das Schalten gegen Masse eine gebräuchliche Methode ist, hat der Entwickler des Mikrocontrollers bereits einen Pull-up-Widerstand integriert.

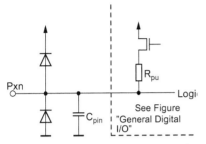

Abb. 20: Auszug aus der Dokumentation des ATmega328 [7]

Dieser interne Widerstand hat einen Wert von 22 kΩ und wird mit dem Befehl `pinMode(pin, INPUT_PULLUP)` eingeschaltet. Ein externer Widerstand wird nicht mehr benötigt.

Das Einlesen digitaler Signale erfolgt mit dem Befehl **`digitalRead(pin)`**. Es ist entweder **HIGH (1)** oder **LOW (0)**. der Wert kann entweder direkt ausgewertet oder einer Variablen zugeordnet werden. Im Beispiel weiter oben wurde direkt ausgewertet. Im folgenden Beispiel wird die gleiche Funktion über eine Variable durchgeführt:

```
void setup() {
    pinMode(5, INPUT);
    pinMode(13, OUTPUT);
}

void loop() {
    int val = digitalRead(5);
    if (val == HIGH) {
        digitalWrite(13, HIGH);
    } else {
        digitalWrite(13, LOW);
    }
}
```

Einen Ausgang am Pin erstellt man mit **`pinMode(pin, OUTPUT)`**.

Der Befehl **`digitalWrite(pin, wert)`** setzt einen Ausgang entweder auf **HIGH** oder **LOW**.

4.2.2 Analoge Pins

Die analogen Pins **A0** bis **A5** dienen hauptsächlich der Auswertung analoger Signale. Der Arduino Uno besitzt hierzu einen internen Analog-Digital-Konverter. Seine Auflösung beträgt **10 bit** (also 1024 Stufen). Dieses digitale Signal kann dann weiter ausgewertet werden. Die analogen Pins sind, genau wie die digitalen, sehr hochohmig.

Wenn nichts weiter konfiguriert ist, nimmt der Controller als Bezugspunkt die Betriebsspannung. Bei einer Betriebsspannung von 5 V wäre es dann eine Auflösung von 4,9 mV. Kleinere Spannungsdifferenzen kann der AD-Wandler nicht bei dieser Bezugsspannung nicht auflösen. Die eingelesene Spannung wird, im Bezug zur Referenzspannung, mit **analogRead(analogPin)** in den Werten **0 … 1023** übergeben. Der Spannungswert muss dann, wenn er benötigt wird, ausgerechnet werden. Die Zeit für eine AD-Umsetzung beträgt ca. 1 µs.

Alternativ kann über die Anweisung **analogReference(typ)** eine andere Referenzspannung eingestellt werden:

- **analogReference(DEFAULT)**
  Die Betriebsspannung, Standard und braucht nur eingestellt werden, wenn man etwas ändern möchte

- **analogReference(INTERNAL)**
  Verwendet eine eingebaute Referenzspannung, die beim ATmega328 den Wert von 1,1 V hat

- **analogReference(EXTERNAL)**
  Eine externe Spannung, die am Pin **AREF** angelegt wird (0 bis max 5 V). Wenn man eine externe Spannung nutzen möchte, muss unbedingt vor der Nutzung von **analogRead()** auf **EXTERNAL** gesetzt werden. Ansonsten kann es auf dem Board zu einem Kurzschluss zwischen interner und externe Referenzspannung kommen.

Beispiel:

```
int val = 0;

void setup() {
    Serial.begin(115200);     // setzt den Seriellen Ausgang auf
                              // 115200 baud
    analogReference(EXTERNAL);
}
```

```
void loop() {
    val = analogRead(A0);        // einlesen der Spannung an A0
    Serial.println(val);         // Ausgabe auf den seriellen Monitor
    delay(1000);                 // Pause von 1000 ms = 1s
}
```

Es taucht hier schon mal das Objekt **Serial** auf. Mit **Serial.begin(wert)** lege ich die Datenrate fest, mit der über die UART-Schnittstelle mit dem Seriellen Monitor kommuniziert werden soll. Diese Einstellung und die des Seriellen Monitors müssen übereinstimmen. Weiterhin wichtig (vor allem zur Fehlersuche und Kontrolle von Variablenwerten) sind die Anweisungen **Serial.print()** und **Serial.println()**. In den Klammern wird entweder die Variable oder ein String übergeben. Der Unterschied zwischen beiden ist, dass bei **Serial.println()** ein Zeilenumbruch erfolgt, bei **Serial.print()** nicht.

```
Serial.print("Spannung U = ");
Serial.println(val);
```

erzeugt beispielsweise die Ausgabe: *Spannung U = 255*, gefolgt von einem Zeilenumbruch.

Mit der seriellen Schnittstelle ist noch mehr Kommunikation möglich (Zeichen von der Tastatur einlesen, Daten übertragen usw.). Darauf gehe ich hier aber nicht weiter ein. Die oberen drei Anweisungen werden aber öfter verwendet.

Eine echte analoge Ausgabe gibt es bei den Mikrocontrollern der ATmega-basierten Boards nicht. An die digitalen Pins, die mit einer kleinen Welle (~) gekennzeichnet sind, kann aber mit dem Befehle **analogWrite(pin, wert)** ein *pulsweiten moduliertes Signal* gelegt werden (PWM).

Die PWM-Pins **pin 3, 9, 10** und **11** haben eine Rechteckwelle mit der Frequenz von 490 Hz, die Pins **5** und **6** mit 980 Hz.

Der Wertebereich, der übergeben wird, liegt zwischen **0** (immer aus) und **255** (immer an). Der Datentyp für **wert** ist **int**.

Da die analogen Pins intern vollwertige **I/O**-Pins sind, können sie auch als digitale Pins verwendet werden. Sie müssen aber dann mit **A0** ... **A5** angesprochen werden:

```
pinMode(A0, OUTPUT);
digitalWrite(A0, HIGH);
```

4.3   Programmstruktur

Der prinzipielle Aufbau eines Arduino-Programms sieht folgendermaßen aus:

- Als Kommentar sollten (müssen aber nicht) Info-Texte zur Dokumentation stehen:
  - Autor
  - kurze Programmbeschreibung
  - Hinweise

- Librarys einbinden
  - für viele Aufgaben gibt es fertige Bibliotheken
  - Bibliotheken werden ganz am Anfang eingebunden

- Vereinbarungen treffen (Preprozessor-Anweisungen)

- globale Variablen anlegen
  - Variablen, die nicht in einer Funktion gekapselt sind
  - globale Variablen werden, im Gegensatz zu lokalen Variablen innerhalb von Funktionen, ständig im RAM gehalten – daher nicht zu viele verwenden

- `void setup()`
  - Initialisierung von Ports und Variablen
  - einmalige Aktion

- `void loop()`
  - Hauptroutine
  - Endlosschleife, die während der ganzen Betriebszeit läuft

Zusätzlich können noch Funktionen hinzukommen. In C/C++ müssen diese vor einem Aufruf dem Compiler bekannt sein. Die Arduino-IDE ist hier etwas toleranter. Die Funktionen können irgendwo außerhalb definiert werden. Aber es kann nichts schaden, im Zweifelsfalle sie dem Programm gleich zu Beginn bekannt zu machen.

Befehle werden immer mit einem Semikolon (;) abgeschlossen.

Als Kommentare gibt es ein- und mehrzeilige:

```
// für den Einzeiligen Kommentar und
/*
    für Kommentarblöcke
```

```
     das hier ist alles Kommentar (es können auch Sternchen davor
 *   gesetzt werden (muss aber nicht)
 */
```

Vor allem bei Anfängern gibt es oft eine wahre „Kommentarwut". Alles wird kommentiert. Und später kommentiert man gar nichts mehr. Beides ist falsch. Man soll Stellen im Programm kommentieren, die wesentliche Gedankengänge beim programmieren darstellen. Wer sich schon mal ein umfangreiches (unkommentiertes) Programm angesehen hat, dass man vor längerer Zeit selbst geschrieben hat, wird wissen, dass man dann oft „wie der Ochse vor dem Tor" steht und sich mühsam in die (damals klaren) Gedankengänge hineinarbeiten muss.

Das Einbinden von Bibliotheken erfolgt mit der **include**-Anweisung. Es werden hier die *Headerdateien* mit der Dateiendung **.h** eingebunden. Die eigentlichen Programme der Bibliothek sind ja C- bzw. C++-Programme mit der Dateiendung **.c** bzw. **.cpp**. In diesen befinden sich die Funktionen bzw. Klassen, die wir einbinden wollen. In der Regel sind es mehrere Dateien, die benötigt werden. In der Headerdatei befinden sich nur die *Funktionsprototypen* der Funktionen, die sich in den anderen Dateien befinden. Funktionsprototypen sind im Prinzip nur der Rückgabewert, die Funktionsbezeichnung und eventuell die Parameter, die übergeben werden sollen. Der eigentliche Inhalt der Funktion befindet sich dann in den .c- bzw. **.cpp**-Dateien.

Es gibt zwei Möglichkeiten der Referenzierung: mit spitzen Klammern und mit Anführungszeichen:

```
#include <LibraryFile.h>
```

wird genommen, wenn sich die Headerdatei im Bibliothekspfad des Compilers befindet.

```
#include "LocalFile.h"
```

wird genommen, wenn sich die Datei im Sketch-Ordner befindet. Zu beachten ist, dass die **include**-Anweisung *nicht* mit einem Semikolon (;) abgeschlossen wird.

Preprozessoranweisungen stellen Anweisungen für den Compiler dar. In diesen treffen wir *Vereinbarungen*, die der Compiler unter der getroffenen Bezeichnung übernimmt. Die Syntax ist:

```
#define bezeichnung vereinbarung
```

Als Vereinbarung können Variablenbezeichner genommen werden:

```
#define LED 13 // wenn LED geschrieben wird, ist 13 gemeint
```

Der Vorteil gegenüber einer Variable ist, dass im Flash-Speicher des Controllers kein Speicherplatz belegt wird (bei `int LED = 13;` wären es immerhin zwei Byte). Es sind aber auch keine Variablen, sondern nur Vereinbarungen, die durch das ersetzt werden, was dahinter steht.

Es können aber auch komplexere Vereinbarungen betroffen werden. Z.B.:

```
#define addiere (a+b)
int a = 3;
int b = 5;
int c = addiere;
```

oder

```
#define addiere(x, y) ((x + y))
int a = 3;
int b = 5;
int c = addiere(a, b);
```

Auch hier kein Semikolon am Ende und kein Gleichheitszeichen (=) für die Zuweisung.

Globale Variablen sind Variablen, die außerhalb von Funktionen deklariert werden. Sie sind innerhalb des gesamten Programms (also auch innerhalb von Funktionen) sichtbar. Sie dürfen nicht noch einmal innerhalb von Funktionen deklariert werden. Globale Variablen werden ständig im Arbeitsspeicher (RAM) gehalten. Im Gegensatz dazu sind *lokale Variablen*, Variablen, die innerhalb von Funktionen deklariert sind. Sie sind nur innerhalb der Funktion sichtbar. Daher können in verschiedenen Funktionen die selben Bezeichner benutzt werden. Sie haben untereinander keinen Einfluss.

Die Funktion **void setup()** wird ein einziges Mal aufgerufen. Das **void** bedeutet, dass sie keinen Rückgabewert besitzt. Die Funktion wird einfach nur ausgeführt. In **void setup()** werden *Initialisierungen* und *Voreinstellungen* vorgenommen. Variablen werden hier nicht deklariert (sie wären nirgendwo sichtbar).

Die Funktion **void loop()** ist die Funktion, in der das eigentliche Programm abläuft. Es ist eine Endlosschleife, die nur verlassen wird, wenn die Betriebsspannung unterbrochen wird oder man ein **RESET** (Neustart) auslöst. Eine kurzzeitige Unterbrechung kann durch das Auslösen eines *Interrupts* erfolgen. Hierzu später, wenn wir den Interrupt betrachten.

4.4   Datentypen

Wie in C und C++ üblich, müssen Variablen bei der Deklaration bereits feste Datentypen zugewiesen werden. Dadurch wird im Speicher diesen Variablen ein fester Speicherplatz zugewiesen. Die Größe des Speicherplatzes hängt vom Typ und damit Werteumfang der jeweiligen Variablen ab.

Bei kleinen Programmen ist die Größe des Speicherplatzes noch recht unkritisch. Wenn das Programm aber umfangreicher wird, sollte man sich Gedanken über die Auslastung des Speichers machen. Abzüglich des Bootloaders besitzt der Arduino Uno nur 31,5 KB Speicher. Also gewöhnen wir uns von Anfang an an eine sparsame Verwendung der Ressourcen. Im Folgenden betrachte ich nur die 8-bit-Prozessoren.

- **bool**
  - alternativ auch **boolean** (wird aber nicht empfohlen)
  - belegt 1 Byte Speicherplatz
  - enthält nur den Wahrheitswert **true** oder **false**

- **byte**
  - belegt 1 Byte Speicherplatz
  - alternativ kann **uint8_t** oder **unsigned char** verwendet werden
  - ganzzahliger Wertebereich **0 … 255**

- **char**
  - belegt 1 Byte Speicherplatz
  - ist gedacht zum Speichern von Zeichenwerten
  - alternativ: **int8_t**
  - ganzzahliger Wertebereich **-128 … 127**
  - der Wert **char wert = 'A';** und **char wert = 65;** sind gleichwertig
  - für vorzeichenlose 8-Bit-Werte sollte **byte** benutzt werden

- **int**
  - belegt 2 Byte an Speicherplatz
  - alternativ kann **short** oder **int16_t** verwendet werden
  - ganzzahliger Wertebereich **-32768 … 32767**

- die negativen Zahlen werden im Zweierkomplement gespeichert (daher aufpassen bei der *Rechts-Verschiebeoperation* >>)

- **unsigned int**
  - belegt 2 Byte Speicherplatz
  - alternativ: **uint16_t, word**
  - ganzzahliger Wertebereich **0 … 65535**
  - wenn der maximale Wert überschritten wird, wird auf **0** zurückgesetzt
  - ein nachgesetztes **u** oder **U** ändert einen **int**-Wert in einen **unsigned int**-Wert (z.B.: **33U**)

- **long**
  - belegt 4 Byte Speicherplatz
  - alternativ: **int32_t**
  - ganzzahliger Wertebereich **-2147483648 … 2147483647**
  - wenn mit ganzzahligen Werten gerechnet werden soll, muss mindestens ein Zahlenwert vom Typ **long** sein. Alternativ kann ein Integerwert, gefolgt von einem L genommen werden (z.B.: **long frequenz = 30000L;**)

- **unsigned long**
  - belegt 4 Byte Speicherplatz
  - alternativ: **uint32_t**
  - ganzzahliger Wertebereich **0 … 4294967295**

- **float**
  - belegt 4 Byte Speicherplatz
  - bei 8-bit-Controller kann auch **double** genommen werden (**double** hat eigentlich eine doppelte Genauigkeit und belegt in 32-bit-Systemen 8 Byte, bei 8-bit-Controllern aber nur 4 Byte)
  - Fließkommazahlen im Wertebereich **-3.4028235e38 … +3.4025235e38**
  - der Exponent **e** oder auch **E**
  - die Gesamtzahl der Ziffern (einschl. Nachkommastellen) beträgt 6-7 Stellen
  - es gibt nur **2** Nachkommastellen (die letzte Stelle wird gerundet)
  - das Dezimalzeichen ist ein Punkt (**.**) – gern gemachte Fehlerquelle
  - es muss bei **float** eine Kommastelle hinzugefügt werden z.B. **2.0**) – sind wird daraus **int**

- **array**
  - Sammlung von Variablen eines Datentyps

- in eckigen Klammern wird angegeben, wieviele Elemente das Array besitzen soll
- wenn bereits Werte eingegeben werden, ist eine Angabe der Größe nicht unbedingt notwendig (das Array zählt sie einfach)
- bei der Deklaration muss der Datentyp der Werte im Array angegeben werden:
  ```
  int arr[5];
  byte arr2[] = {2, 5, 45, 8};
  float arrFl[3] = {1.23, 4.5, 5.0};
  ```
- zu Arrays mit `char` – siehe `string`
- über die Nummer innerhalb der eckigen Klammer kann auf das Element zugegriffen werden: `byte a = arr2[1];` ergibt 5
- die Nummerierung der Elemente beginnt mit 0. Aufpassen!
- *Achtung:* Die einzelnen Elemente des Arrays werden nacheinander im Speicher abgelegt. Es wird nicht überprüft, ob man die deklarierte Array-Größe einhält! Wenn man eine größere Zahl eingibt, wird der Speicherplatz darüber ausgelesen, was zu Fehlern führt:
  ```
  float x = arrFl[3];
  ```
  überschreitet den Speicherbereich des Arrays (bei drei Elementen gibt es nur die Nummern 0 … 2). Ein gern gemachter Fehler, der das Programm fehlerhaft macht.

- `string`
  - Textzeichenfolge
  - ein Array wird mit `char` deklariert und ein String übergebe
  - die Größe muss um 1 erhöht werden (ein **NULL**-Zeichen definiert das Ende des Strings):
  - `char person[4] = "ich";`
  - `char person2[] = "ich";`
  - Das Array kann auch mit einzelnen Elementen gefüllt werden. Das NULL-Zeichen muss nicht unbedingt angegeben werden (das fügt der Compiler hinzu) – der Platz muss aber vorhanden sein:
  - `char pers1[4[ = {'i', 'c', 'h', '\0'};`
  - `char pers1[4[ = {'i', 'c', 'h'};`
  - mehr Funktionalität (allerdings auch mit größerem Speicherbedarf) bekommt man mit dem Objekt `String()`

- `String()`
  - erstellt eine Instanz der **String**-Klasse
  - Syntax:
    `String(wert)`

```
String(wert, basis)
string(wert, dezimalstellen)
```

- **wert**: Variable, die als String formatiert werden soll (**string**, **char**, **byte**, **int**, **unsigned int**, **long**, **unsigned long**, **float**)
- **basis**: wenn ein ganzzahliger Wert formatiert werden soll (**DEC**: dezimal, **BIN**: binär, **OCT**: oktal, **HEX**: hexadezimal)
- **dezimalstellen**: wenn **wert** **float** ist, können die gewünschten Dezimalstellen angegeben werden
- Beispiele:

```
String str1 = "Hallo";              // ein String
String str2 = String(str1 + " Ihr"); //zusammensetzen
String str3 = String(13);           // 13
String str4 = String(45, HEX);      // 2D als Hexadezimal
String str5 = String(5.456, 3);     // 3 Dezimalstellen
```

- die Instanzen können weiter mit Funktionen bearbeitet werden; mehr dazu in [5].

Es kommt vor, dass der Datentyp im laufenden Programm geändert werden soll. Bei **float** zu **int**: einfach den **float**-Wert einer **int**-Variable zuweisen. Die Kommastellen werden abgeschnitten. Wenn gerundet werden soll, muss man **round(x)** nehmen.

Eine Einfachen Typumwandlung kann mit einem einfachen Befehl, unter Beachtung des Werteumfanges, erfolgen (x ist der Wert bzw. die Variable, der geändert werden soll):

- **byte(x)** bzw. **(byte)x** (zweite Variante ist die in C gebräuchliche)
- **char(x)** bzw. **(char)x**
- **int(x)** bzw. **(int)x**
- **(unsigned int)x**
- **long(x)** bzw. **(long)x**
- **(unsigned long)x**
- **float(x)** bzw. **(float)x**
- **word(h, 1)** bzw. **(word)x**

Zu **word(h, 1)** ist wohl eine nähere Erklärung notwendig. **h** meint das linke Byte (*high-order*) und **1** das rechte Byte (*low-order*) des Wortes. Ein Beispiel:

```
byte x = 1;
byte y = 3;

void setup() {
}
```

```
void loop() {
    int z = word(x, y); // ergibt 259 (0000 0001 0000 0011)
    z = word(y, x);     // ergibt 769 (0000 0011 0000 0001)
}
```

Zusätzlich zu den Datentypen gibt es noch einige Erweiterungen:

- **void**
    - wird nur bei Funktionen verwendet
    - da ja bei einer Funktion (siehe Erläuterungen zur Funktion etwas später) der Rückgabewert angegeben werden muss, zeigt **void** an, dass nichts beim Aufruf der Funktion zurückgegeben wird (wie bei **void setup()** und **void loop()** ja zu sehen ist)

- **volatile**
    - Direktive für den Compiler
    - sagt dem Compiler, dass der die Variable aus dem RAM und nicht aus dem Speicherregister laden soll
    - Der Compiler versucht während des Übersetzen des Codes in die Maschinensprache den Code zu optimieren (nicht benutzte Variablen werden nicht berücksichtigt). Insbesondere Interruptroutinen enthalten oft Variablen, die im Hauptprogramm nicht auftauchen. Diese werden nur innerhalb der Interruptroutine genutzt. Wenn der Compiler sie dann „wegrationalisiert" läuft das Programm so lange gut, bis ein Interrupt auftritt …
    - Bei Variablen, die länger als 1 Byte sind, kann es zu Problemen kommen, wenn während des Lesens ein Interrupt auftritt (Der Controller ist ja ein 8-bit-Mikrocontroller). Es muss daher für diese Operation der Interrupt unterbunden werden (mit **noInterrupts** oder dem **ATOMIC_BLOCK**-Makro).
    - Beispiel:
      ```
      #include <util/atomic.h>
      volatile int intVar;

      ...

      void loop() {

          ...

          ATOMIC_BLOCK(ATOMIC_RESTORESTATE) {
          int result = intVar;
          }

          ...

      }
      ```
    - mehr dazu kann man unter [6] finden

- const
  - kennzeichnet eine Variable als Konstante:
    const float PI = 3.14;
  - die hiermit definierte Variable kann nicht mehr im Wert geändert werden
  - bei Konstanten sollte statt #define eine Variable mit const benutzt werden (es kann zu Problemen führen, wenn der in #define verwendete Namen in anderen Konstanten- oder Variablennamen enthalten ist)
  - zur besseren Übersichtlichkeit, ist es empfehlenswert, Konstanten groß zu schreiben

Es gibt schon einige Konstanten, die in der Arduino-IDE fest definiert sind:

- false
  - kennzeichnet als Wahrheitswert (Boolean) den Wert *falsch*
  - entspricht dem Wert 0
  - wird immer klein geschrieben

- true
  - kennzeichnet den Wahrheitswert *wahr*
  - im Prinzip ist jeder Zahlenwert, der nicht 0 ist, true (selbst eine Variable, die nur deklariert wurde und der noch kein Wert zugewiesen wurde)

- HIGH
  - Hochpegel oder auch logisch 1
  - bei einem Eingang:
    U > 3,0 V (bei 5-V-Board)
    U > 2,0 V (bei 3.3-V-Board)
  - bei einem Ausgang liegt der Pegel auf den Niveau der Betriebsspannung (also 5 V bzw. 3,3 V)

- LOW
  - Tiefpegel oder logisch 0
  - bei einem Eingang:
    U < 2,0 V (bei 5-V-Board)
    U < 1,0 V (bei 3,3-V-Board)
  - bei einem Ausgang Massepotential (0 V)

- LED_BUILTIN
  - viele Boards haben eine LED, die mit dem D13 verbunden ist.
  - diese LED kann hierüber angesprochen werden

- ich denke aber, dass diese Konstante kaum genutzt wird

- `OUTPUT, INPUT, INPUT_PULLUP`
  - verschiedene Modi de `I/O`-Pins (Ausgang bzw. Eingang)

4.5   Operatoren

4.5.1 Arithmetische Operatoren

Diese Operatoren beinhalten die bekannten mathematischen Rechenoperationen:

- `=`   Zuweisung eines Wertes
- `+`   Addition
- `-`   Subtraktion
- `*`   Multiplikation
- `/`   Division
       aufpassen: der Divisor (Teiler) darf nicht **0** sein
- `%`   Modulo

Bis auf Modulo sind alle Datentypen erlaubt, die Zahlen darstellen. Modulo kennen vielleicht nicht alle: Modulo berechnet den Rest der Division von ganzen Zahlen. Als Datentyp ist **int** erlaubt.

```
10 % 3 ergibt 1 (10 / 3 ist 3, Rest 1)
12 % 4 ergibt 0 (12 / 4 ist 3, Rest 0)
```

4.5.2 Vergleichsoperatoren

Bei den Vergleichsoperatoren bestimmen wir Wahrheitswerte (**true/false**). Diese werden für Fallentscheidungen in den Kontrollstrukturen benötigt. Es werden immer zwei Werte verglichen.

- `==`   Gleichheit
         Nicht verwechseln mit dem einfachen Gleichheitszeichen.
         Das ist eine Zuweisung und eine Zuweisung erzeugt (bis auf
         den Wert **0**) immer **true**!
- `!=`   ungleich
- `<`   kleiner
- `>`   größer

- <=   kleiner oder gleich
- >=   größer oder gleich

Wenn mehr als nur zwei Werte verglichen werden sollen, benutzt man sogenannte *Boolsche Operatoren* zur Verknüpfung der Zweiervergleiche:

- **&&**   logisches AND
          es müssen beide Vergleiche **true** ergeben
- **||**   logisches OR
          mindestens einer der Vergleiche muss **true** sein
- **!**   logisches NOT
          der Wahrheitswert wird negiert (aus **true** wird **false** und
          umgekehrt)

Es wird immer zuerst der Vergleich vorgenommen und dann erste beide Er-
gebnisse miteinander verknüpft.

Für eine bessere Übersichtlichkeit kann man aber die Vergleiche in Klammern
setzen:

```
if ((x > 3) && (y == 4)) {…}
```

4.5.3 Verbundoperatoren

Programmierer sind immer bestrebt, so wenig wie nur möglich zu schreiben.
Aus diesem Grunde werden Operatoren zusammengefasst:

- x += y   entspricht: x = x + y
- x -= y   entspricht: x = x - y
- x *= y   entspricht: x = x * y
- x /= y   entspricht: x = x / y
- x %= y   entspricht: x = x % y
- x &= y   entspricht: x = x & y
- x |= y   entspricht: x = x | y
- y = x++   erst wird x y zugewiesen, dann wird x um 1 erhöht
- y = ++x   erst wird x um 1 erhöht, dann y zugewiesen
- x--, --x   wie oben, nur dass um 1 verringert wird

4.5.4 Bitweise Operatoren

Eine Besonderheit des Einsatz von Mikrocontrollern ist, dass oft einzelne Pins und damit nur ein Teil eines Ports für Ein- und Ausgaben verwendet wird. Daher spielen Operationen auf der bit-Ebene hier eine besondere Rolle. Es kommt dabei die binäre Logik zum Einsatz.

- **&**   bitweises AND
  - es werden keine kompletten Zahlen binär addiert, sondern nur die einzelnen Bits AND-Verknüpft
  - wird hauptsächlich genommen, um ganze Bytes zu maskieren (einzelne Bereiche abzutrennen) oder Bits zu löschen
  - die Rechenregel besagt, dass beide Bit **1** sein müssen, damit das Ergebnis auch **1** ist (ansonsten ist es **0**):
    ```
    byte a = 55;      // Binär: 00110111
    byte b = 103;     // Binär: 01100111
    byte c = a & b;   // Binär: 00100111 = dezimal: 39
    ```

- **|**   bitweises OR
  - einzelne Bits werden OR-Verknüpft
  - wird genommen, um in ganzen Bytes einzelne Bits zu setzen
  - das Ergebnis ist eine **1**, wenn mindestens ein Bit **1** ist:
    ```
    byte a = 55;      // Binär: 00110111
    byte b = 103;     // Binär: 01100111
    byte c = a | b;   // Binär: 01110111 = dezimal: 119
    ```

- **^**   bitweises XOR
  - auch genannt exklusives OR
  - wird benutzt, umeinige der Bits umzuschalten
  - hier ist das Ergebnis eine 1, wenn die beiden zu verknüpfenden Bits unterschiedlich sind:
    ```
    byte a = 55;      // Binär: 00110111
    byte b = 103;     // Binär: 01100111
    byte c = a ^ b;   // Binär: 01010000 = dezimal: 80
    ```

- **~**   bitweises NOT
  - die einzelnen Bits eines Wertes werden negiert
  - aufpassen: wenn die Zahl nicht **unsigned** ist (also auch negative Zahlen möglich sind) und die erste Stelle eine **0** ist, wird das Ergebnis negativ (negative Zahlen werden im Zweierkomplement [8] dargestellt und eine **1** an erster Stelle kennzeichnet sie als negativ)
    ```
    char a = 55;      // Binär: 00110111
    char b = ~a;      // Binär: 11001000 = -56
    ```

- << Bitshift links
  - die einzelnen Bits innerhalb eines Bytes werden um eine bestimmte Zahl von Stellen nach links verschoben
  - rechts wird mit 0 aufgefüllt, Bits, die die Größe des Datentyps überschreiten, (die höherwertigsten also) gehen verloren

```
byte a = 55;       // Binär: 00110111
byte c = a << 3;   // Binär: 10111000
```

- >> Bitshift rechts
  - analog zu Bitshift links, nur in die andere Richtung

```
byte a = 55;       // Binär: 00110111
byte c = a >> 3;   // Binär: 00000110
```

4.6   Funktionen und Objekte

4.6.1   Funktionen

Funktionen sind eine Zusammenfassung von einer Abfolge von Befehlen unter einem Namen. Unter diesem Namen sind sie später als ein Funktionskomplex aufrufbar. Bei der Arduino IDE können Funktionen an beliebigen Stellen des Programms definiert werden. Auch in ausgelagerten Dateien. Eine Ausnahme gibt es: Eine Deklaration innerhalb einer anderen Funktion ist verboten.

Zwei Funktionen hatten wir schon behandelt: **setup()** und **loop()**. Um eine bestimmte Funktionalität zusammenzufassen und zu ermöglichen, dass diese an mehreren Stellen des Programms verwendet werden kann, können wir Funktionen selbst erstellen. Ein wesentliches Merkmal einer Funktion ist die Verwendung von runden Klammern. Innerhalb dieser Klammern können Werte stehen, die in die Funktion übernommen werden:

```
int addieren(int a, int b) {
    int x = a + b;
    return x;
}
```

Variablen, die innerhalb einer Funktion deklariert werden (im Beispiel ist es x), sind außerhalb nicht sichtbar. Das hat den Vorteil, dass in verschiedenen Funktionen es Variablen gleichen Namens geben kann, ohne dass sie sich „in die Quere kommen". Man muss nur aufpassen, dass man nicht mit globalen Variablen in Kollision kommt. Daher sollte man auch bei der Verwendung von globalen Variablen recht sparsam sein. Es ist gut, sich anzugewöhnen, Funktionalitäten, die in Funktionen gepackt werden kann, auch in Funktionen zu erstellen.

Da die inneren (*lokalen*) Variablen nach außen nicht sichtbar sind, müssen sie mit **return** zurückgegeben werden. Es könne mehrere **return** innerhalb einer Funktion sein (beispielsweise wenn es mehrere Varianten der Rückgabe gibt). Sowie aber ein **return** aufgerufen wird, ist die Funktion zu Ende – egal, was danach steht.

Zurück zu unserer Beispielsfunktion **addieren()**. Sie erwartet hier zwei Werte **a** und **b** vom Datentyp **int**. Diese beiden Werte müssen dann auch übergeben werden:

```
int ergebnis = addieren(3, 4); // in ergebnis steht jetzt 7
```

Bei der Deklaration der Funktion muss bereits der Typ angegeben werden, der als Rückgabetyp erwartet wird (hier: **int**). Falls die Funktion keine Rückgabe von irgendwelchen Werten hat (sie „macht" also nur etwas), dann ist der Rückgabewert **void**:

```
void ausgeben(int zahl) {
    Serial.print("Wert: ");
    Serial.println(zahl);
}
```

Hier wird einfach etwas ausgegeben, aber nichts an den Aufrufer zurückgegeben:

```
ausgeben(2);      // erstellt die ausgabe am Terminal: Wert: 2
```

setup() und **loop()** werden auch nur ausgeführt und geben nichts zurück.

Bei Funktionen habe ich auch die Möglichkeit, bestimmte Default-Werte vorzugeben:

```
int addieren(int a, int b = 5) {
    return a + b;        // es kann direkt zurückgegeben werden
}
int x = addieren(3);     // ergibt 8
x   = addieren(3, 6);    // ergibt 9
```

Der vorbelegte Wert wird, wenn er genutzt wird, einfach überschrieben.

4.6.2 Objekte

Der Begriff der Instanz kommt aus dem Bereich der Objektorientierten Programmierung. Hier wird durch eine sogenannte Klasse ein eigener Datentyp definiert. Diesen Datentyp gibt man dabei verschiedene eigene Variablen (den *Attributen*) und Funktionen (den *Methoden*). Die Klasse selbst ist nicht „lebensfähig". Durch die Bildung eines *Objektes* mit den Eigenschaften dieser Klasse (der Instanz) wird alles, was in der Klasse definiert wurde, in dieses Objekt übernommen.

```
String text = String("Hallo");
```

text hat jetzt alle Eigenschaften, die in der Klasse **String()** definiert wurden. Diese kann ich durch die sogenannte *Punktnotation* abrufen. Dazu wird hinter dem Namen meines neuen Objektes (hier vom Typ **String()**) das Attribut oder die Methode aufgerufen:

```
int l = text.length();  // liefert die Länge des Strings zurück
```

In Bibliotheken finden wir häufig Klassen, aus denen wir dann im Programm entsprechende Objekte gestalten. Einige Objekte sind bereits im Kern der IDE festgelegt. Ein Beispiel hierfür wäre das schon bekannte **Serial**.

4.7 Kontrollstrukturen

Bei der Nutzung der Kontrollstrukturen möchte ich nur auf die Syntax eingehen.

Bei den Kontrollstrukturen wird immer ein Wahrheitswert abgefragt und je nachdem, ob er ein wahres (**true**) oder falschen (**false**) Ergebnis liefert, eine Reaktion ausgelöst. Ein Ausrufezeichen (!) vor dem Vergleich negiert das Ergebnis desselben (aus **true** wird **false** und umgekehrt).

```
if ( x >= y) {…} // wenn x größer oder gleich y ist, wird ausgeführt
```

Der Wert kann schon von sich aus **true** oder **false** sein – dann benötigt man keinen Vergleich.

```
bool test = true;
…
if (test) {…}    // der Schleifenkörper wird hier ausgeführt
```

Eine Verknüpfung von mehreren Vergleichen müssen entweder beide wahr sein (**&&**) oder nur einer (**||**).

```
if (x == 3 || x ==7) {…}    // wahr bei 3 oder 7
```

Es sind größer (**>**), kleiner (**<**), größer oder gleich (**>=**), kleiner oder gleich (**<=**), gleich (**==**) oder ungleich (**!=**) möglich. Ein beliebter Fehler ist die Verwendung nur eines Gleichheitszeichen beim Test auf Gleichheit. Das Ergebnis wäre dann immer **true** (außer bei **0**), da es eine Zuweisung ist und alles außer **0 true** ist.

- **break** und **continue**
  - beide Befehle unterbrechen eine Kontrollstruktur
  - **break** beendet sie komplett
  - **continue** beendet nur den aktuellen Durchlauf der Schleife (er wird übersprungen)

- **if-else if-else**
  - Der Funktionsblock (**{…}**) wird ausgeführt, wenn das Ergebnis der **if**-Abfrage wahr ist (siehe Beispiele oben), ansonsten wird der Block übersprungen:
    ```
    if (x > 3) {
    Serial.println("x ist größer als 3");
    }
    ```
  - mit **else** kann eine Alternative angegeben werden, wenn **if false** ist:
    ```
    if (x > 3) {
        Serial.println("x ist größer als 3");
    } else {
        Serial.println("x ist nicht größer als 3");
    }
    ```
  - die **else** kann mit einer weiteren **if**-Abfrage erweitert werden, um mehrere Varianten zu testen:
    ```
    if (x > 3) {
        Serial.println("x ist größer als 3");
    } else if (x >= 2) {
        Serial.println("x ist größer oder gleich 2
    } else {
        Serial.println("x ist kleiner als 2");
    }
    ```
  - das, was zuerst **true** ist, wird ausgeführt und der Rest übersprungen

- **switch … case**
  - ist so etwas wie eine Sonderform der **if-else if-else**-Abfrage.

- **switch** wird eine Variable übergeben und mit **case** überprüft, ob sie einen bestimmten Wert hat. Jedes **case** muss mit **break** abgeschlossen werden (sonst wird automatisch die folgende Abfrage aufgerufen).

```
int x = 2;
switch (x) {
    case 1:
        Serial.println("x ist 1");
        break;
    case 2:
        Serial.println("x ist 2");
        break;

    default:
        Serial.println("keines der Werte hat x");
        break;                          // nicht unbedingt notwendig
}
```

- **for-Schleife**
  - **for (startwert; vergleich; veraenderung) {…}**
  - beginnend von einem Startwert wird der Funktionskörper ausgeführt, bist der Vergleich false ergibt. Der Startwert wird dabei verändert (hoch- oder heruntergezählt)

```
for (int i = 0; i < 10; i++) {
    Serial.print(i); // liefert die Ausgabe 0123456789
}
```

  - die **for**-Schleife wird genommen, wenn bekannt ist, wieviele Schleifendurchläufe gemacht werden sollen

- **while-Schleife**
  - universellste Schleife
  - Im Schleifenkopf wird eine Bedingung geprüft. Ist sie **true**, wird die Schleife ausgeführt. Danach wird wieder die Bedingung geprüft.
  - Die Schleife läuft solange, bis die Bedingung **false** wird.
  - Es muss dafür gesorgt werden, dass die Bedingung für einen Abbruch sorgen kann (ansonsten wird es eine Endlosschleife).

```
int zahl = 3;

while (zahl > 0) {
    // mache irgendwas
    zahl--;           // sorgt für Abbruchbedingung
                      // entspricht zahl = zahl - 1
}
```

- **do-while-Schleife**
  - funktioniert wie while-Schleife
  - Unterschied: die Abbruchbedingung wird erst am Ende geprüft, was bedeutet, dass die Schleifen mindestens einmal durchlaufen wird

```
int zahl = 3;

do {
    // mache irgendwas
    zahl--;
} while (zahl > 0);
```

- **ternärer Operator**
  - stellt eine verkürzte **for**-Schleife dar
  - **bedingung? true-wert: false-wert;**
    x == 5? digitalWrite(13, HIGH): digitalWrite(13, LOW);
  - das Ergebnis kann auch einer Variablen zugewiesen werden

4.8   Wichtige zusätzliche Funktionen

Ich gehe hier nicht auf alle Funktionen, die implementiert sind, ein. In [4] ist die komplette Aufstellung zu finden. Es sollen aber Funktionen erwähnt werden, die man öfter benötigt.

4.8.1   Zeitbasierte Funktionen

- **delay(wert)**
  - unterbricht das Programm für die mit **wert** angegebene Zeit in Millisekunden
  - Datentyp für **wert: unsigned long**
  - während dieser Zeit „beschäftigt" sich der Controller mit sich selbst, was bedeutet, dass keine weiteren Befehle in dieser Zeit ausgeführt werden können

- **delayMicroseconds(wert)**
  - ähnlich zu **delay()**, nur werden Mikrosekunden als wert eingegeben
  - die Werte, die eine genaue Verzögerung angeben, liegen zwischen **3** und **16383** – bei längeren Verzögerungen sollte dann **delay()** genommen werden

- `millis()`
  - gibt die Anzahl der Millisekunden zurück, die der Controller seit Start des Programms läuft
  - Überlauf nach ca. 50 Tagen
  - Rückgabewert: **unsigned long**
  - `millis()` kann benutzt werden, wenn eine Unterbrechung programmiert werden soll, die Aktionen innerhalb dieser Zeit ermöglicht:

```
unsigned long jetzt = millis();
// es soll jetzt eine Pause von 1 s festgelegt werden
while (millis() < jetzt + 1000) {
    // warte beispielsweise auf einen Tastendruck, um dann
    // eine Variable zu setzen, die später ausgewertet wird
}
// Programm läuft weiter
```

- `micros()`
  - analog `millis()`, nur Rückgabe erfolgt in Mikrosekunden
  - Überlauf nach ca. 70 min
  - bei 16-MHz-Boards (Nano und Uno) beträgt die Auflösung 4 µs (d.h. der Wert ist immer ein Vielfaches von 4)

- `pulseIn(pin, val, timeout)`
  - Wartet auf den Wechsel auf den Wert, der bei **val** angegeben ist und startet einen Timer, der Mikrosekunden zählt. Der Timer stoppt, wenn sich der Pegel wieder ändert. Mit **timeout** wird festgelegt, wie lange gewartet werden soll, bis der nächste Impuls auslösen kann.
  - **pin**: welcher Pin ist gemeint?
  - **val**: soll **HIGH** oder **LOW** auslösen (Datentyp: **int**)
  - **timeout**: optional, Anzahl der Mikrosekunden, die gewartet wird, bis ein Impuls gemessen wird (Datentyp: **unsigned long**); der Defaultwert ist 1 s
  - Impulslängen: 10 µs bis 3 min
  - Rückgabewert: **unsigned long**

4.8.2 Mathematische Operationen

Bei den mathematischen Operationen möchte ich mich auf die beschränken, die oft im Zusammenhang mit Sensoren verwendet werden. Weitere kann man in [4] und beispielsweise in [9] nachlesen.

- `map(wert, vl, vh, zl, zh)`
  - `wert`:   die Variable, die ausgewertet werden soll
  - `vl`:   Wertebereich von `wert`: kleinster Wert
  - `vh`:   Wertebereich von `wert`: größter Wert
  - `zl`:   kleinster Wert von `wert` soll Anfangswert werden
  - `zh`:   größter Wert von `wert` zu diesen Endwert haben
  - bei einer Spannungsmessung soll beispielsweise der Wert des AD-Konverters von `0` … `1023` (in x) in die Spannungswerte `0` … `5` umgesetzt werden:

    `y = map(x, 0, 1023, 0, 5);`

- `constrain(wert, min, max)`
  - Beschränkung von `wert` in den Bereich zwischen min und `max`

- `random(min, max)`
  - erstellt eine Pseudozufallszahl zwischen `min` und `max-1`
  - wenn `min` weggelassen wird, dann beginnt es bei `0`
  - Datentyp: `long`

4.9 Interrupt-Behandlung

Interrupts sind Programmunterbrechungen. Bei einem Interrupt wird das laufende Programm unterbrochen, der Stand des laufenden Programms zwischengespeichert und eine sogenannte *Interruptserviceroutine* (*ISR*) ausgeführt. Danach wird der Zustand, der vor dem Interrupt vorhanden war, wieder hergestellt und das Programm weiter ausgeführt.

Im Controller können (und werden bei Arduino auch) Interrupts bei der Benutzung der internen Timer verwendet werden. Wenn hier Änderungen gemacht werden sollen, muss das mit C passieren und man muss sich dann intensiver mit dem Aufbau und den Registern des Controllers beschäftigen [7]. `delay()` funktioniert innerhalb Interrupts nicht und `millis()` zählt nicht weiter (beide benutzen Timer-Interrupts). `delayMicroseconds()` benutzt keine Timer-Interrupts und kann innerhalb einer ISR genutzt werden. Das müssen wir einfach bei der Programmierung berücksichtigen.

Interessanter für uns ist, dass digitale Pins genutzt werden können, um einen Interrupt auszulösen. Bei den ATmega328-basierten Boards (Uno, Nano, Mini usw.) sind es die Pins **2** und **3**. Um einen Interrupt an diesen Pins zu ermöglichen, gibt es folgenden Befehl, der in **setup()** geschrieben wird:

```
attachInterrupt(digitalPinToInterrupt(pin), ISR, mode);
```

Dabei bedeuten:

- **pin**
  - der Pin, der gemeint ist (also 2 oder 3)

- **ISR**
  - Bezeichnung der Interruptserviceroutine
  - die ISR ist eine ganz normale Funktion, der aber keine Parameter übergeben werden dürfen
  - beim Eintrag dieses Parameters werden die Klammern weggelassen

- **mode**
  - legt fest, welcher Zustand den Interrupt auslösen soll
  - **LOW**   wenn der Pin **LOW** ist
  - **HIGH**   wenn der Pin **HIGH** ist
  - **CHANGE**   wenn der Pin seinen Wert ändert
  - **RISING**   Wechsel **LOW->HIGH**
  - **FALLING**   Wechsel **HIGH->LOW**

Die Interruptserviceroutine sollte recht kurz sein. Werte können nicht an die Funktion übergeben werden und der Rückgabewert muss **void** sein. Globale Variablen, die sich innerhalb der ISR ändern, sollten als **volatile** deklariert werden.

4.10 Zeigeroperationen

Zeiger (auch *Pointer* genannt) sind Adressen von Objekten. Die einzelnen Objekte (Werte, Variablen, Funktionen usw.) werden ja im Speicher des Controllers abgelegt. Wo genau, legt der Controller fest. Mit den Zeigern kann der genaue Speicherort ermittelt werden und dann der Inhalt dieser Speicherzelle ausgelesen oder geändert werden. Mit Zeigern können viele Operationen leichter und übersichtlicher ausgeführt oder stellenweise auch erst ermöglicht werden. Man kann aber auch (unerklärliche) Fehler erzeugen, wenn man auf die falschen Adressen zeigt!

Um einen Zeiger zu verwenden, muss er erst einmal angelegt werden. Dazu gibt es den Operator *. Bei Zeigeroperationen hat dieser Operator zwei Bedeutungen:

- Bei der Definition und Deklaration wird mit * ein Zeiger erzeugt bzw. geprüft, ob es sich um einen Zeiger handelt. Das Zeichen * kann sich dabei sowohl gleich hinter **int** oder direkt vor der Variablen befinden.

- Im laufenden Programm kann dann mit dem * auf das Objekt selbst zugegriffen werden.

Die Definition des Zeigers als Integertyp erfolgt so:

```
int *p;
// oder
int* p;
```

Der Zeiger ist jetzt definiert – aber noch nicht initialisiert! Er hat jetzt noch einen zufälligen Wert. Um im Zeiger die Adresse zu speichern, muss dem Zeiger die Adresse einer Variablen auch zugewiesen werden. Das erfolgt mit dem Operator **&**:

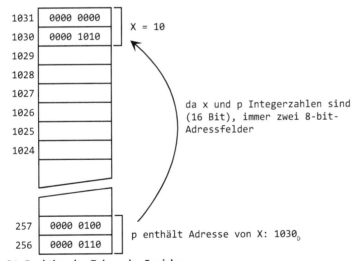

Abb. 21: Funktion des Zeigers im Speicher

Jetzt kann an die Stelle des Speichers, zu die der Zeiger (hier **p**) zeigt, zugegriffen werden:

```
int *p;             // der Zeiger p wird deklariert
int x = 10;
p = &x;             // im Zeiger p ist die Adresse von x gespeichert
*p = 20;            // in die Speicherzelle mit der Adresse von x wird
                    // geschrieben: x hat jetzt den Wert 20

int z = *p;         // die Variable z hat jetzt auch den Wert 20
```

Ein Beispiel zur Verwendung von Zeigern wäre die Übergabe von Adressen an eine Funktion. Funktionen können mittels **return** ja (genau) einen Wert zurückgeben. Wenn man allerdings Zeiger übergibt, können mehrere Werte geändert werden:

```
int x = 5, y = 6, z = 7;
void doppelteZahl(int *a, int *b, int *c) {
    *a = *a * 2;
    *b = *b * 2;
    *c = *c * 2;
}
void loop() {
    doppelteZahl(&x, &y, &z);
}
```

Der Funktion werden die Speicherstellen übergeben. Um es mehr zu veranschaulichen, gebe ich einmal das ein, was bei der Übergabe passiert:

```
doppelteZahl(int *a = &x, int *b = &y, int *c = &z) { … }
```

Es werden die Adressen den Pointern übergeben, die dann in der Funktion den Inhalt der adressierten Speicherstelle 2 multiplizieren.

Interessant wird es mit Arrays. Wenn der Zeiger auf das Array zeigt, kann ich auf die einzelnen Felder zugreifen, indem ich den Zeiger erhöhe oder verringere:

```
int *pt;
int x[3] = {10, 20, 30};

void setup() {
    Serial.begin(115200);
}

void loop() {
    pt = &x[0];
```

```
Serial.println(*pt);        // 10
Serial.println(*(pt+1));  // 20
delay(5000);
}
```

Es muss nur aufgepasst werden, dass man nicht auf Speicherstellen zugreift, die nicht gemeint sind. Im Beispiel ergibt

```
Serial.println(*(pt+4));        // 0
```

weil der obere Speicherbereich nicht belegt ist. Falls es weitere Variablen gibt, kann da etwas völlig anderes stehen und es gibt Fehlfunktionen. Der Compiler prüft das in diesem Falle nicht!

Viele Programme funktionieren auch ohne Zeiger. Zeiger werden aber von Programmierern in C oft verwendet und es schadet nichts, wenn man weiß, wie sie funktionieren. Oft findet man ja fertigen Code, den man verstehen und für eigene Zwecke ändern möchte.

5   Index

Dieses kleine Buch hat die Aufgabe, die Nutzung grundlegenden Befehle der Arduino IDE vorzustellen. Es kann, und soll, keine komplette Anweisung zur Programmierung dieser kleinen, aber recht nützlichen Entwicklungsumgebungen sein. Die Beschränkung auf den Arduino Uno R3 und der Arduino Nano sagt nichts aus über das wahre Potential dieser IDE.

Es sind eine Vielzahl weiterer Boards der Arduino-Familie und auch, mit einer kleineren Erweiterung, von Boards mit anderen Controllern, ESP8266 und ESP32, möglich. Und das auch mit der (vereinfachten) Sprache der Arduino IDE. Besonders wertvoll auch, dass diese Sprache zusammen mit Befehlen von C/C++ verwendet werden kann.

Ich habe geplant, den Umgang mit den oben erwähnten Mikrocontrollern in einem weiteren kleinen Buch zu erläutern. Bis dahin aber viel Spaß mit den Controllern der Arduino-Familie.

6 Literaturhinweise

[1] Barragán, H.: Die wirklich wahre Geschichte von Arduino. github.io.
    [Online] https://arduinohistory.github.io/de
    Stand: 15.09.2022

[2] Hansen, H.: Rolle zurück: Arduino gehört jetzt BCMI. heise online.
    [Online] https://www.heise.de/make/meldung/Rolle-zurueck-Arduino-
    gehoert-jetzt-BCMI-3786298.html
    Stand: 15.09.2022

[3] ...: Arduino Hardware. arduino.cc.
    [Online] https://www.arduino.cc/en/hardware
    Stand: 15.09.2022

[4] ...: Software. arduino.cc. [Online] https://www.arduino.cc/en/software
    Stand: 16.09.2022

[5] ...: String(). arduino.cc. [Online] https://www.arduino.cc/reference/de/
    language/variables/data-types/stringobject/
    Stand: 30.09.2022

[6] ...: <util/atomic.h> Atomically and Non-Atomically Executed Code
    Blocks. AVR Libc. [Online] https://www.nongnu.org/avr-libc/user-manu-
    al/group__util__atomic.html
    Stand: 01.10.2022

[7] ...: ATmega328. Microchip Technology. [Online] https://ww1.microchip
    .com/downloads/aemDocuments/documents/MCU08/
    ProductDocuments/DataSheets/
    ATmega48A-PA-88A-PA-168A-PA-328-P-DS-DS40002061B.pdf
    Stand: 01.10.2022

[8| ...: Zweierkomplement. Wikipedia. [Online] https://de.wikipedia.org/
    wiki/Zweierkomplement
    Stand: 05.10.2022

[9] Wolf, H., Krooß, R.: C von A bis Z - Das umfassende Handbuch.Rhein-
    werk Computing. 2020. S. 746ff.

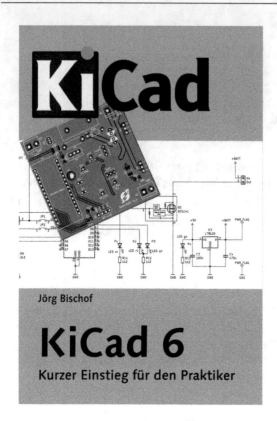

Jörg Bischof

KiCad 6
Kurzer Einstieg für den Praktiker

Dieses Buch gibt einen Einstieg für das Programm KiCad 6. Mit diesem Programm können Schaltungen gezeichnet und Platinenlayouts erstellt werden. Es ist für den Praktiker gedacht, der seine Schaltungen professionell zeichnen und dann daraus auch Platinen herstellen (lassen) möchte. Im Buch werden die Schritte und Einstellungen aufgezeigt, die man eigentlich in der Regel nur benötigt. Das Programm kann aber viel mehr. Probleme, wie Abstände bei Hochspannungen oder Mikrowellenleitungen, gehören meistens ja nicht zum Alltag des Amateurs.

Inhalt:

- Allgemeine Hinweise zur Gestaltung der Leiterplatte
- Installation von KiCad 6
- Schaltplaneditor
- Platineneditor
- Erstellung von Gerber-Dateien für die Platinenherstellung bei Dienstleistern

Dieses Buch soll keine Ansammlung von Programmierbeispielen zur Lösung aller möglichen und unmöglichen Probleme sein. Das Ziel ist mehr die Heranführung an die Lösung von eigenen Projekten. Dazu werden zuerst die grundlegenden Gesetze der Elektrotechnik, die man zum Aufbau von Schaltungen mit Mikrocontrollern unbedingt wissen muss, kurz erläutert.

Es wird die Arduino IDE zur Programmierung von Arduino und ESP8266 sowie ESP32 und das Microchip Studio für ATmegaXX- Controller erläutert.

Eingegangen wird auch auf grundlegende Befehle und Operationen, die man zur Programmierung in der Sprache des Arduino sowie C/C++ benötigt. Anhand von wenigen Programmierbeispielen soll gezeigt werden, wie an die Lösung von eigenen Programmierproblemen herangegangen werden kann.

Es wird gezeigt, dass es nicht nur eine Lösung geben muss, um zum gewünschten Ergebnis zu kommen.

www.ingramcontent.com/pod-product-compliance
Lightning Source LLC
LaVergne TN
LVHW051619050326
832903LV00033B/4567